Drill 52

Prefixes and Suffixes

telephone	permission	automobile	biplane	antifreeze
midnight	unload	impolite	dismissive	extracurricular
disaster	preview	profile	mistake	disadvantage
transport	interact	productive	disappoint	supernatural

subscription	profile	inspecting	defense	semiannually
unsuccessful	projector	unbeatable	percentage	thoughtfully
recounted	dictate	defense	indirect	percentage
bicoastal	carefully	delightful	unload	misunderstand
nation	reduction	unkind	interact	thoughtfulness
prediction	tenderness	mistreated	reduction	overflowing
subtraction	kindness	injected	unbeatable	disagreement

prediction	injected	unbeatable	percentage	subscription
mistake	prepare	antibody	submarine	thoughtfulness
outdoors	carefully	mistreated	tenderness	disability
delightful	unbeatable	unload	dispose	percentage
midnight	inspecting	impolite	exporter	unsuccessful
dictate	projector	nonfat	overflowing	preview
prediction	nonsense	tripod	reality	semiannually

outdoors	overflowing	mistreated	tenderness	subscription
subscription	unbeatable	semiannually	disability	thoughtfulness
delightful	inspecting	percentage	unsuccessful	disagreement
percentage	dictate	projector	carefully	thoughtfulness
prediction	overflowing	inspecting	extrasensory	unsuccessful

Fifth Edition

Five Minutes To Better
Reading Skills™

A PHONETIC APPROACH TO IMPROVE READING FLUENCY

Student Edition

Bonnie Terry, M.Ed., BCET

Bonnie Terry Learning

238 Poet Smith Dr., Auburn, CA, 95603

www.bonnieterrylearning.com

Printed in the United States of America

ISBN 978-1-891106-15-6

Drill 1

ă

---

sat	mat	rat	bat	cat	fat
cap	sap	map	tap	lap	rap
am	ram	Sam	ham	dam	jam
rag	bag	tag	wag	hag	lag
can	man	ran	tan	fan	pan
sad	mad	had	lad	pad	dad

sat	sap	Sam	sad	cab	cat
lad	lap	fan	fat	bat	ban
mat	mad	man	map	hat	ham
tan	tap	tag	tax	cap	can
rag	ran	rat	rap	bad	bag

ban	pat	tan	fat	man	sat
map	can	mad	cat	man	cab
rag	cat	lap	ham	bat	tap
jam	fan	dam	had	tag	rap

sat	cap	rag	can	sad	mat	sap
ram	bag	man	mad	rat	map	Sam
tag	ran	had	bat	tap	ham	wag
tan	ran	cat	lap	dam	hag	fan
pad	fat	rap	jam	lag	pan	dad

Drill 2

ŏ

h o t	p o t	n o t	r o t	g o t
s o b	b o b	r o b	j o b	m o b
h o p	m o p	l o p	p o p	t o p
c o g	b o g	j o g	f o g	h o g
s o d	c o d	p o d	n o d	r o d

h o p	h o t	h o b	h o g
p o d	p o t	p o p	m o p
c o b	c o t	c o d	c o g
T o m	t o p	B o b	t o t
r o t	r o b	r o b	r o d
m o p	m o d	m o p	m o b
s o b	s o d	s o b	s o p

h o t	l o p	p o t	t o p	n o t
r o b	h o p	r o d	h o g	r o t
g o t	T o m	n o d	p o p	s o b

dot	mop	Tom	jog	pop	hot	cog	cob
log	pop	Bob	got	sod	hog	pot	lot
rot	fog	log	pod	sob	rob	not	pop

Drill 3

ă   ŏ

---

s a t	b a g	r a m	c a p	l a d	t a n
n o t	h o g	s o d	t o p	m o b	g o t
t a g	h a m	r a n	r o d	f o g	m o p
l a p	m a n	h a t	r o b	d o t	l o g

c a t	c o t	h a t	h o t	p a t	p o t
h o b	h a d	r o t	r a t	m a p	m o p
h a t	h o g	s o p	s a d	t o p	t a p
c o b	c a b	p a d	p o d	N a t	n o t

p o t	c a t	l o g	b a g	p o d	l a d
m a p	m o p	c o b	c a p	t a n	t o n
h o t	j o t	f a t	f o g	n a g	l a d
r o b	t a b	s a t	p o d	f a n	l a p
b o b	r a t	s a d	c o g	l o t	p o p

mat	fat	job	lot	tap	mat	pat	pot
rod	tab	sob	hat	fan	hot	job	fat
cap	rob	wag	got	map	ran	nap	cab
pat	had	jam	rob	lab	tot	not	sag

Drill 4

ĭ

k i t	s i t	b i t	f i t	h i t
d i m	h i m	r i m	J i m	T i m
l i p	d i p	h i p	s i p	r i p
w i n	f i n	b i n	s i n	t i n

f i g	d i g	b i g	p i g	r i g
h i d	d i d	k i d	b i d	m i d
r i b	f i b	b i b	f i b	r i b
m i x	f i x	s i x	m i x	f i x

h i t	h i m	h i d	h i p
s i n	s i x	S i d	s i t
r i b	r i d	r i m	r i g
t i n	t i p	T i m	t i n
l i p	l i d	l i t	l i p
p i g	p i t	p i n	p i g

dim	hit	fit	kit	sit	rip
sip	sin	win	rip	hip	tin
rig	hid	hit	rim	hip	rid
mid	bin	dig	dip	pit	lip
did	fin	fib	mix	rib	big

Drill 5

---

mat	cab	rag	cap	can	sad
hop	sob	not	cog	sod	pot
sip	him	win	fig	hid	sit
Bob	sap	man	fit	rim	mob

hat	hot	hit	pit	pot	pat
tap	top	tip	hid	hod	had
big	bag	bog	lip	lop	lap
hot	hit	hat	tap	tip	top

cab	sat	bit	dot	cap	sip
rag	rim	rib	sad	sob	sip
hot	dim	fog	mat	sip	lag
bog	pot	nip	jig	dim	hot
bag	hip	sat	fan	jig	did
fix	rob	wag	dip	got	map

pan	sod	lot	pit	jog	six	rip	ram
Jim	bog	cot	Sam	rim	bog	tan	mob
rat	hog	dot	bog	pop	Dan	kid	rap
sad	big	wag	fin	did	nap	top	tag

Drill 6

ŭ

---

nut	hut	cut	gut	but	jut
gun	sun	run	fun	nun	bun
up	pup	up	cup	pup	cup
dug	rug	mug	pug	jug	bug
hub	tub	rub	hub	rub	tub
dud	bud	mud	cud	mud	bud
sum	gum	rum	sum	hum	gum

hub	hug	hum	hut
rub	run	rut	run
bud	bug	bun	but
pup	sum	sun	cup
cut	cup	cud	cup
gun	gut	gun	gum

bud	hub	rug	but	fun	cup
run	bus	cut	hut	nut	pup
sun	rug	but	cup	hum	nun
mud	hum	rub	run	pup	mug
sup	tub	mug	tub	pug	cud

hut	mud	hug	rub	bus	sub	rug	jug	run
but	dug	jut	tug	gun	rum	hub	nut	tub
up	gun	cut	sun	gum	tub	mud	hum	fun
gut	hut	jut	pup	bug	bun	sum	cup	hut

Drill 7

---

pad	mad	lag	fat	rap	pan
rib	fib	pig	lid	him	bit
rip	sat	hit	fad	hip	cap
pan	sob	pop	Tom	hog	hop
cup	nut	fun	hub	rug	bud

hub	hug	hum	hut	hat	hot
big	bag	bog	bug	cat	cot
hit	hot	hut	hat	sip	sap
rum	rim	ram	jug	jog	jig
bat	but	bit	him	ham	hum

hit	cup	nut	cob	Sam
got	dad	nap	gum	mud
fib	sum	wax	box	cut
sin	tug	rat	tag	run
sip	lot	sod	ox	but
gum	pit	cab	pop	Tim

fib	hag	tab	bun	cot	cut	pit	six
top	tan	mob	tub	hid	pig	rip	dad
dot	wax	him	but	pat	Tom	hip	dad
mix	man	dip	bob	pup	dot	hip	sap
bag	rod	Jim	pop	cut	pod	got	bug

Drill 8

d ee d	s ee d	w ee d	n ee d	s ee d	fee d
b ee r	d ee r	j ee r	l ee r	p ee r	d ee r
r ee l	k ee l	p ee l	h ee l	fee l	p ee l
s ee k	p ee k	w ee k	m ee t	b ee t	m ee t
p ee p	k ee p	d ee p	d ee m	t ee m	s ee m

r ee d	r ee k	r ee l	r ee d	r ee f
d ee r	d ee p	d ee m	d ee p	d ee d
p ee k	p ee p	p ee l	p ee r	p ee k
s ee d	s ee	s ee n	s ee k	s ee m
w ee	w ee d	w ee p	w ee k	w ee d
k ee l	k ee p	k ee n	k ee p	k ee n

d ee r	s ee	d ee p	d ee d	r ee d	p ee r
b ee	p ee l	fee	s ee	r ee k	r ee f
p ee k	b ee r	fee t	w ee d	lee	s ee k
m ee t	k ee l	lee k	k ee n	b ee t	m ee k
fee l	l ee r	n ee d	w ee d	w ee k	k ee p

deep	weep	feed	peep	reel	beef	seep
seem	peel	heel	beet	keen	reed	deep
feet	week	leer	beet	heed	keep	need
jeer	see	teem	deed	keep	deep	seem

Drill 9

sh

---

c a sh	d a sh	g a sh	l a sh	b a sh
m a sh	r a sh	d a sh	s a sh	g a sh
d i sh	w i sh	f i sh	d i sh	w i sh
g u sh	m u sh	h u sh	r u sh	l u sh

sh ee p	sh ee r	sh ee n	sh ee t	sh ee p
sh o d	sh o p	sh o d	sh o p	sh o t
sh i p	sh u n	sh i n	sh u t	sh i m

sh ee r	d a sh	sh i p	m a sh
sh o p	d i sh	sh ee t	g u sh
c a sh	sh i n	r u sh	r a sh
sh o t	f i sh	m u sh	g a sh
h u sh	sh o p	w i sh	sh u t
s a sh	sh ee n	l a sh	sh u t
sh a m	l a sh	sh ee p	c a sh

hush	sheep	shod	cash	fish	shun
sheen	dash	dish	shin	ship	mush
sheep	lash	gash	rush	shop	sham
mash	shot	gush	wish	shut	sheet

Drill 10

ŏŏ (book)   *ŏŏ+l* (wool)

---

w oo l	s oo t	sh oo k	l oo k	h oo d
cr oo k	f oo t	c oo k	b oo k	n oo k
g oo d	b oo k	l oo k	h oo d	t oo k
h oo f	h oo d	w oo f	s oo t	h oo d

b oo k	t oo k	sh oo k	f oo t	s oo t
n oo k	c r oo k	c oo k	s oo t	h oo d
g oo d	w oo l	h oo d	sh oo k	l oo k
c r oo k	h oo d	g oo d	c oo k	sh oo k

b oo k	l oo k	g oo d	sh oo k	w oo l
n oo k	f oo t	g oo d	h oo d	t oo k
s oo t	c oo k	t oo k	b oo k	n oo k
g oo d	w oo l	l oo k	h oo d	t oo k

book	took	wool	hood	nook	shook
crook	good	hood	soot	look	took
cook	foot	look	shook	nook	book
shook	wool	good	took	cook	hood

Drill 11

$\overline{oo}$ *(boot)*   ô**o**+*r (poor)* $\overline{oo}$+*l (tool)*

b oo t	h oo t	r oo t	sh oo t	t oo t
b oo n	n oo n	s oo n	t oo n	m oo n
c oo l	t oo l	p oo l	f oo l	st oo l
r oo m	l oo m	b oo m	d oo m	bl oo m
f oo d	m oo d	l oo p	m oo d	h oo t
t oo t	r oo f	g oo f	r oo f	r oo t
h oo p	l oo p	fl oo r	p oo r	d oo r

r oo t	r oo f	r oo m	r oo t
b oo t	b oo m	b oo t	b oo n
h oo t	h oo p	d oo r	h oo p
m oo t	m oo d	m oo n	m oo d

f oo d	r oo m	b oo t	m oo n	c oo l
r oo m	h oo p	h oo t	f oo l	st oo l
t oo t	l oo p	r oo t	s oo n	l oo m
s oo n	st oo l	d oo m	r oo t	fl oo r
r oo f	sh oo t	n oo n	b oo m	t oo t
p oo r	d oo r	c oo l	d oo m	b oo t

pool	loot	food	root	door	poor	noon
boot	loom	soon	toot	poor	shoot	roof
stool	noon	loop	food	hoot	room	doom
boot	soon	tool	shoot	cool	boon	fool

Drill 12

ch   tch

---

ch a p	ch a t	ch a ff	ch a p	ch o p
ch i n	ch i ll	ch i p	ch i ll	b ee ch
ch ee k	ch ee p	ch ee r	ch ee k	ch i n
ch o p	ch u m	b ee ch	r i ch	s u ch

w i tch	p i tch	h i tch	i tch	d i tch
h a tch	p a tch	c a tch	m a tch	l a tch
m u ch	b ee ch	r i ch	s u ch	m u ch

r i ch	ch a p	ch i n	d i tch	ch a t
p i tch	ch i p	c a tch	p i tch	ch ee k
ch a ff	h i tch	n o tch	m a tch	p i tch
ch i ll	i tch	m a tch	ch u m	ch o p
p a tch	ch o p	b ee ch	ch a ff	ch u m
l a tch	ch a t	d i tch	n o tch	b a tch
ch i ll	b ee ch	r i ch	h a tch	c a tch

chin	rich	chap	notch	chill	cheek
latch	chop	chin	chum	chip	catch
batch	chin	chaff	cheer	hitch	chop
chat	itch	ditch	chum	chum	pitch
patch	chip	chaff	notch	chap	rich

Drill 13

ă ŏ ĭ ŭ ē¢ ē¢+r ē¢+l
o͞o o͝o ô͞o+r o͞o+l sh ch tch

---

d i sh	s a sh	sh o d	c a sh	sh o p	sh u t
g u sh	sh ee p	sh o t	d a sh	m ee t	s ee
f ee t	b oo t	sh oo t	sh ee t	s ee n	s oo n
p oo r	p ee r	f oo l	f ee l	sh ee t	sh oo t
m oo n	n oo n	h u sh	f ee d	f ee t	d ee d

h i tch	ch o p	c a tch	r i ch	ch u m	ch a t
ch i p	sh o p	ch o p	c a sh	sh i p	c a tch
d i tch	sh i n	d i sh	m u ch	m u sh	ch i n
c a sh	sh u t	sh o t	sh o d	ch i ll	s u ch
n o tch	ch i n	st oo l	r oo f	p oo l	b oo m

h oo p	l a tch	sh ee p	b oo t	ch i ll	d ee m
b ee t	sh i p	l ee k	sh i p	t ee n	h oo f
h i tch	p o ll	l oo p	r oo f	m a sh	m u sh
sh o p	r ee d	m oo d	m oo n	m a tch	d i sh

woof	chin	doom	gush	feet	peep
itch	sheet	jeer	cheer	cash	loon
tool	shin	noon	rash	keen	rich
food	shot	chap	noon	fish	catch
hoot	pitch	deep	mush	patch	feed
keen	root	gash	deed	sheer	catch

Drill 14

är (car)

---

t ar	j ar	c ar	f ar	b ar
c ar	s t ar	s c ar	m ar	f ar
c ar t	d ar t	m ar t	p ar t	d ar t
y ar d	h ar d	l ar d	c ar d	h ar d
ar k	l ar k	sh ar k	p ar k	d ar k

ar ch	ar t	ar m	ar k	ar m
h ar d	h ar p	h ar t	sh ar p	h ar d
b ar n	b ar k	b ar	b ar k	b ar n
c ar	C ar l	c ar d	c ar	c ar t
d ar t	d ar n	d ar t	d ar k	d ar n
m ar	m ar ch	m ar sh	m ar t	m ar k

b ar	y ar n	ar m	c ar d	y ar n
y ar d	l ar k	d ar t	b ar n	ar k
s c ar	s t ar	f ar m	p ar k	ch ar m
h ar p	c ar d	sh ar k	p ar t	c ar t
b ar b	m ar sh	g ar b	t ar	sh ar p

chart	farm	hark	mark	lard	mark	march
part	car	dark	hard	star	park	charm
far	bark	card	dark	yarn	scar	march
yard	lark	arm	shark	dart	cart	sharp

Drill 15

āy (pay)   *āi* (rain)   *āi+l* (nail)

---

r ay	s ay	h ay	l ay	r ay	d ay
m ay	p ay	j ay	w ay	g ay	b ay
s l ay	p l ay	c l ay	f l ay	c l ay	p ray
b ray	t ray	g ray	f ray	p ray	c l ay
m ay	p ay	w ay	s l ay	s ay	d ay
g ay	w ay	g ray	l ay	p l ay	g ray

n ai l	s ai l	r ai l	t ai l
r ai n	p ai n	t r ai n	ch ai n
p ai d	l ai d	m ai d	g ai t
m ay	m ai l	m ai d	m ai l
g ray	g ay	g ai t	g r ai n
p ay	p ai n	p ai l	p ray

s ay	g ai n	p ray	m ai n	p ai d	d ay
n ai l	m ay	r ai n	s l ay	m ai d	s ay
h ay	p ay	b ai l	t ray	j ai l	b ray
l ay	t ai l	w ay	l ai d	c l ay	t ray

gay	tail	gain	wait	fray	vain	say
jay	gain	fray	bail	way	flay	ray
maid	jay	say	sail	may	slay	day
tray	rain	mail	wait	play	say	pail
bay	play	pail	chain	train	way	say
sail	bray	pain	bait	may	bail	way

Drill 16

ôr (for)

---

h or n	c or n	t or n	b or n	w or n	m or n
s or t	sh or t	f or t	p or t	s or t	p or c h
f or k	c or k	p or k	c or d	f or d	l or d

f or t	f or d	f or m	f or k	b or n	s or t
c or d	c or n	c or k	c or n	t or n	f or d
p or t	p or k	p or t	p or c h	w or n	h or n
or	f or k	p or k	c or n	b or n	s or t
or b	c or k	h or n	p or t	n or	f or t

s or t	f or m	c or n	b or n	p or k	l or d
f or k	sh or t	c or k	p or k	f or d	h or n
c or d	w or n	m or n	c or n	s or t	or b
n or	f or	n or	c or d	p or t	p or c h

sort	nor	fork	lord	short	form
cord	torn	porch	fort	born	morn
torn	horn	cork	sort	or	fort
port	corn	sort	short	born	sport

Drill 17

ōld

---

old	c old	b old	t old	h old
s old	s c old	m old	g old	f old
t old	h old	old	b old	c old
f old	m old	s c old	g old	s old

f old	t old	b old	h old	old
b old	m old	s old	g old	f old
t old	s c old	old	s old	t old
h old	c old	b old	f old	m old

c old	old	h old	t old	m old
s old	g old	s c old	m old	h old
t old	f old	b old	c old	f old
h old	c old	t old	b old	s c old
old	h old	m old	s old	g old

mold	cold	hold	fold	hold	scold	gold
told	hold	old	sold	bold	fold	scold
hold	cold	mold	told	fold	gold	old
told	sold	bold	hold	gold	scold	gold
mold	bold	gold	cold	hold	old	fold

Drill 18

ĕ

---

fed	bed	red	Ted	led	bed
beg	bet	bed	leg	let	led
send	lend	bend	tend	fend	send
rest	best	test	pest	crest	nest
west	vest	rent	bent	sent	vent

fed	send	bed	tend
rest	red	tent	pest
send	bet	best	set
west	best	fend	led

lend	test	fed	bend	crest	Ed
send	bed	rent	vest	spend	left
red	vent	desk	Ted	west	fed

rest	bend	set	chest	nest	fed
let	red	Ted	crest	vent	bet
rent	best	send	Ed	spend	led

west	rest	send	bed	vent	fed	nest
send	let	bed	vest	best	lend	bet
red	beg	bend	test	rent	bent	leg
mend	test	Ed	rest	vent	desk	crest

Drill 19

är āy̆ āĭ āĭ+l ôr ōld ĕ

---

ar ch	h ar k	p ar k	c ar d	f ar m	l ar d
s ay	g r ay	c l ay	m ai n	t ai l	m ai l
d ar t	y ar d	m ar t	c ar	ch ar m	h ar d
p ai d	r ai l	ch ai n	m ay	p l ay	d ay

h or n	b or n	c or n	s or t	f or t	p or t
c or k	f or k	w or n	t or n	sh or t	f or t
c old	m old	h old	b old	t old	old
s e n d	b e n d	t e n d	w e s t	c r e s t	v e s t

m ar ch	s e n d	p ar k	m ai n	y ar d	m ay
m ay	b or n	c ar t	p l ay	f or t	t old
m e n d	d e s k	d ay	t ai l	h or n	p ai l
d ar t	w or n	h old	ch ar m	m old	m ai n

ch e s t	c old	ch ar t	p ar k	f or t	p ai l
y ar d	c l ay	t r ai n	b old	ch ar m	d ay
p ai d	g r ay	w e s t	t ai l	m old	s p e n d

desk	short	day	mail	farm	clay	charm
chain	fort	told	dart	card	vent	clay
mart	rail	corn	hold	may	cork	mold
west	bold	gray	hark	say	fed	park

Drill 20

ā ī ō ū (silent ȩ)

bake	bike	broke	bite	hike
came	crime	cove	cute	code
dune	dine	dove	duke	dome
plane	pipe	pose	prune	plate
came	dime	home	fume	huge
base	vise	rose	chase	rise

fake	gripe	tale	note
hide	coke	doze	tune
stove	take	flake	bride
woke	mute	flute	tote

bike	fake	note	stove	take
Mike	bike	home	fume	bride
mute	lane	vise	pipe	rose
cape	crime	doze	tune	note

stove	woke	June	lane	tote	chase
plane	base	prune	flake	home	duke
bake	gripe	tune	tale	fake	cute
cake	crime	doze	mine	came	duke

Drill 21

ōą̸ ōą̸+l (coal)

---

b oa s t	b oa t	b l oa k	c l oa k	c oa ch	c oa l
c oa s t	c oa t	c r oa k	g oa t	g oa l	g l oa t
l oa d	l oa f	l oa n	m oa n	m oa t	oa t
c oa s t	s oa k	t oa d	s oa p	b oa t	c oa s t

l oa d	oa t	c oa s t	s oa k	g oa t	c oa ch
b oa s t	l oa f	oa k	t oa d	p oa ch	r oa d
r oa m	c oa l	g oa l	c oa ch	b l oa t	m oa n
c r oa k	s oa k	m oa n	c oa l	oa t	g oa t

r oa d	c oa ch	t oa d	g oa l	b l oa t	m oa n
b oa t	c l oa k	s oa p	c oa l	p oa ch	c oa s t
l oa f	oa k	m oa n	m oa t	g l oa t	b oa t
r oa m	g oa t	c oa ch	l oa d	l oa n	t oa d

load	boat	toad	poach	moat	coach	roam
oat	coast	soak	goat	coal	bloat	moan
coast	loaf	croak	toad	goal	loan	gloat
coach	boast	load	oath	cloak	goat	boat

Drill 22

ōw (low)

---

blow	row	grow	mow	flow	grown
low	grow	mow	grown	show	own
glow	blow	crow	flown	low	sown
crow	flow	blow	show	snow	throw

sown	own	flow	mow	blow	grown
crow	low	flow	grow	flown	blown
shown	mow	blow	show	row	sown
flow	bow	own	sow	glow	blown

crow	low	flown	sow	blow	throw
mow	crow	show	grown	row	thrown
glow	own	sow	blow	blown	flown
blow	row	grow	mow	flow	grown

grown	row	grow	mow	flow	low	shown
flown	glow	mow	crow	show	snow	grown
low	crow	row	snow	grow	blow	shown
blown	snow	throw	low	flow	low	thrown

Drill 23

ou (out)   *ow* (how)

w ow	p ou n d	ou t	l ou d	r ou n d
ou c h	sh ou t	s p ou t	c ou c h	m ou n d
p r ou d	g r ou ch	p ou ch	m ou th	g r ou n d
fo u n d	c ou n t	s ou th	c l ou d	b ou n d
s n ou t	c l ou d	m ou n t	t r ou t	p ou c h

h ow	b ow	c ow	v ow	d ow n
b r ow	ch ow	c l ow n	c r ow d	f r ow n
g ow n	ow l	n ow	h ow l	g r ow l
t ow n	w ow	s c ow l	p r ow l	b r ow n

ou ch	b ow	l ou d	ou t	c r ow d
d ow n	p r ou d	n ow	m ou th	g r ou n d
g ow n	n ow	s ou th	h ow l	b ou n d
p ou ch	c ou n t	c ow	c l ou d	c l ow n

found	owl	south	trout	bound	grouch
crowd	frown	howl	owl	brown	pouch
chow	brow	town	proud	wow	ground
frown	scowl	chow	count	brown	mound
clown	ouch	bow	cow	loud	now

Drill 24

$\bar{a}$ $\bar{i}$ $\bar{o}$ $\bar{u}$ *(silent ¢)* $\bar{o}a$ *ou* $\bar{o}w$ *ow*

---

bake	stove	crime	mute	home
flow	mow	show	low	brow
woke	dune	mine	bride	rose
boast	croak	moan	roam	poach

base	rose	plane	duke	pipe
our	shout	spout	mouth	loud
how	cow	crowd	frown	down
plate	brow	ouch	brown	loan

chow	town	stove	mute	moan
woke	boast	dune	spout	crowd
bake	mow	cake	mouth	frown
found	brow	rose	bride	pouch
brown	plate	crowd	plane	croak

boast	dune	show	mute	home	crowd	down
our	rose	croak	mine	crime	show	woke
how	stove	spout	frown	mouth	mow	duke
home	cake	stove	rose	cow	shout	bride
chow	plane	duke	brow	woke	mow	pouch

Drill 25

th wh

th i n	th e ft	th a tch	th u d	oa th
th i s	th a t	th o s e	th e m	f i f th
th r a sh	th r o b	th r i v e	th r o n e	g r ow th
th u d	th u m p	p a th	f i f th	th e ft
g r ow th	oa th	w i th	s ou th	th r a sh

wh i s k	wh a l e	wh a t	wh ee t	wh ee l
wh ir l	wh ee z e	wh e n	wh i m	wh i l e
wh ee l	wh i t e	wh i p	wh i n e	wh i t e
wh i l e	wh a t	wh ea t	wh ee l	wh a l e

th i s	th r o b	p a th	wh ee l	wh a l e
th e ft	oa th	wh e n	f i f th	wh ea t
wh i t e	th u d	th u m p	s ou th	g r ow th
th a t	th o s e	t ee th	w i th	th r i v e

wheel	whip	thud	path	south	that
thump	oath	whim	fifth	wheat	whale
whim	fifth	this	with	oath	that
whine	theft	teeth	white	trash	wheeze
those	while	these	south	fifth	growth

Drill 26

ng   nk

---

bang	bing	bong	bring	clang	cling
clung	fling	ding	dong	dung	gong
hang	hung	king	rung	stung	cling
sing	sang	king	ring	rang	rung
sting	swing	ping	pong	pang	bing

bank	clink	bunk	blink
honk	hank	drank	drink
drunk	Frank	think	trunk
sink	sunk	slink	spank

bank	clink	hung	bank	kink	bunk
honk	hang	dung	fling	rink	sang
trunk	prank	pong	ping	king	spring
thing	think	dunk	spank	swing	spunk

swing	bang	ping	clink	fling	hunk
wink	trunk	sting	honk	sling	ring
honk	clink	drank	think	sang	lung
spunk	sling	stink	tank	sting	king

Drill 27

th   wh   ng   nk

---

thin	theft	thrive	throne	think
with	growth	path	fifth	teeth
these	that	those	south	thing
wheat	wheel	while	white	when
whale	what	wheeze	whim	wheat

bang	bring	hung	king	ring
drunk	sank	sink	spank	thank
whip	when	wink	prank	wheel
lung	pong	oath	think	punk

bank	swing	ping	clink	rink
oath	path	when	wheat	thud
bang	throb	slink	pang	theft
growth	clang	those	thing	thump

thump	sink	throw	whip	ping	these
growth	wheel	fifth	drunk	path	honk
white	teeth	spunk	theft	sang	them
rang	whale	bring	those	thin	wheeze
oath	lung	wheat	punk	throb	growth

Drill 28

er (ur – term)   *ir* (ur – fir)   *ur* (ur – turf)

birth	jerk	dirt	burn	perk
girl	herb	chirp	burst	fern
curt	fur	shirt	skirt	fir
girl	hurt	stir	swirl	verse
term	perch	sir	flirt	burst

church	jerk	sir	fern	hurl
stir	perk	burst	sir	flirt
verse	skirt	burn	curb	fir
third	shirt	birth	term	girl
clerk	nurse	serve	turf	bird

burst	turf	verse	swirl	skirt
stir	jerk	sir	turf	girl
flirt	fern	hurt	term	shirt
stir	church	perch	burn	fern

girl	pert	dirt	burn	perk	fur
term	chirp	shirt	nurse	serve	sir
dirt	curb	burst	flirt	hurt	verse
clerk	skirt	flirt	term	birth	fir
swirl	third	clerk	turf	bird	curt

Drill 29

au (ô – cause)   *aw* (ô – paw)

haunt	haul	cause	launch	fraud
lawn	paw	raw	slaw	thaw
taut	daub	lawn	caw	yawn
cause	saw	thaw	straw	pause

crawl	draw	fraud	paw	maul
saw	raw	thaw	yawn	thaw
maul	straw	cause	launch	raw
lawn	paw	haul	daub	straw
caw	pause	gaunt	drawn	haunt

haul	paw	cause	slaw	lawn
taut	gaunt	raw	fraud	yawn
fraud	caw	lawn	paw	draw
crawl	claw	pause	haul	launch

haul	cause	launch	raw	haunt	straw
fraud	crawl	paw	pause	saw	law
draw	straw	taut	lawn	slaw	yawn
fraud	raw	maul	yawn	caw	cause
haul	drawn	cause	gaunt	taut	lawn

Drill 30

ea *(ir – ear)*   *ea* *(ĕ – head)*   *ea* *(ēₐ – team)*
ea *(ur – earn)*   *ea* *(er – wear)*

---

please	peach	least	fear	steam
bread	head	dread	lead	thread
heavy	spread	deaf	swear	breath
leaf	team	weak	east	sweat
treat	ready	heart	clean	please

bear	tear	leak	peak	seat
earth	heard	meant	deaf	dream
mean	read	death	bread	lead
head	tear	wear	clear	rear

sweat	clear	dear	ear	speak
rear	near	team	east	leaf
please	bear	meant	seam	team
treat	heart	clean	lead	deaf

weak	sear	meant	ear	dream	near
earth	bear	team	east	treat	clear
please	earth	leak	seat	sweat	thread
earth	please	seam	bread	speak	peach
tear	heart	lead	peak	mean	steam

Drill 31

REVIEW

er (ur)   *ir* (ur)   *ur*   *ŏŏ*   *au* (ô)   *aw* (ô)
ea (ir – ear)   *ea* (e – head)   *ea* (ē̸ – team)   *ea* (ur – earn)   *ea* (er – wear)

---

d i r t	b u r n	p er k	ch ur ch	v er s e
w oo l	sh oo k	p oo r	r oo k	t oo k
h au l	c au s e	l au n ch	f au n	t au t
s w ea t	c l ea r	d ea r	ea r	s p ea k
r ea r	n ea r	c aw	d r aw	c r aw l
p ea ch	f ea r	s t ea m	t r ea t	b r ea d

s w ea t	t ea m	b oo k	f r au d	s t au n ch
s t r aw	d ea f	th r ea d	p oo r	s t ea m
c r aw l	g oo d	b ur n	m ea t	b ea ch

p l ea s e	p ea ch	l ea s t	f ea r	s t ea m
b r ea d	h ea d	d r ea d	l ea d	th r ea d
p aw	s t r aw	c au s e	b oo k	l au n ch
m oo r	c oo k	ch i r p	b ur s t	l ea r n

hood	dirt	fur	look	straw	launch	please
lawn	treat	straw	shook	took	steam	church
look	draw	verse	purse	cause	pause	thread
thread	burn	beach	haul	perch	church	look
moor	dread	lead	cook	crawl	fraud	speak

Drill 32

ew ($\overline{oo}$ – crew)   ue ($\overline{oo}$ – blue)   y ($\bar{i}$ – fly)

blue	blew	crew	clue	pew
clue	stew	fuel	stew	true
due	hue	flew	drew	cruel
duel	new	stew	mew	clue

my	dry	by	try	fly
cry	pry	fry	cry	my
clue	pew	try	crew	true
try	by	due	hew	by
drew	fuel	pew	blue	pry

flew	dry	cruel	stew	cue
blue	Sue	true	fuel	clue
sty	fly	pry	mew	blew
my	cruel	by	duel	try

my	dry	hew	mew	fry	drew	by
slew	true	try	my	due	fry	dry
pry	stew	blue	clue	true	try	blew
flew	pry	mew	new	stew	sly	by
pew	sty	cruel	fly	flew	my	duel

Drill 33

oy (ō̄i – joy)   *oi* (ō̄i – join)   *oi+l* (ō̄i+l – oil)

b oy	j oy	s oy	c oy	t oy	j oy
oi l	s p oi l	s oi l	t oi l	j oi n	f oi l
b oi l	c oi l	j oy	R oy	c oi n	p oi n t
f oi l	t oy	oi l	b oy	s p oi l	s oy

m oi s t	ch oi c e	c oi n	oi l	v oi c e	p oi n t
R oy	s oy	s p oi l	j oy	c oy	b oi l
j oi n t	f oi l	t oy	m oi s t	b oy	n oi s e
p oi n t	h oi s t	c oi l	ch oi c e	c oi n	m oi s t

f oi l	p oi n t	t oy	c oy	s p oi l	ch oi c e
s oy	oi l	h oi s t	v oi c e	R oy	f oi l
j oi n	m oi s t	s oy	t oi l	n oi s e	c oi n
b oi l	j oy	s p oi l	ch oi c e	t oy	n oi s e

toy	coin	join	hoist	point	moist	joy
toil	joy	ploy	coy	foil	spoil	choice
boil	soil	soy	noise	boy	toy	coil
hoist	foil	point	Roy	coin	spoil	oil

Drill 34

al (ô)   *alk* (ô)   *eigh* (ā)

---

ball	walk	fall	hall	Walt
hall	call	stalk	scald	small
bald	walk	tall	talk	chalk
talk	hall	scald	call	small

eight	neigh	weigh	weight	freight
sleigh	weigh	neigh	eight	scald
weigh	neigh	freight	sleigh	walk
Walt	stalk	scald	walk	weigh
eight	sleigh	stalk	scald	Walt

sleigh	stalk	neigh	call	false
eight	wall	mall	small	weigh
chalk	halt	fall	weight	all
ball	sleigh	wall	eight	fall

eight	wall	scald	weight	ball
small	sleigh	walk	neigh	salt
fall	chalk	weigh	stalk	tall
neigh	false	all	eight	bald
chalk	ball	false	wall	freight

Drill 35

ew $(\overline{oo})$ *ue* $(\overline{oo})$ *y* $(\overline{\imath})$ *oy* $(\overline{o}i)$ *ōi*
al $(\hat{o})$ *alk* $(\hat{o})$ *eigh* $(\overline{a})$

---

blue	crew	mew	clue	stew	fuel
cry	by	try	fry	pry	cry
hall	walk	hall	salt	tall	stalk
eight	weigh	sleigh	weigh	neigh	eight

fry	stew	sleigh	stalk	all
boy	ball	toy	point	spoil
eight	joint	false	blew	clue
dry	crew	boil	fall	blue
foil	talk	small	sleigh	salt

mall	small	blue	true	walk
bald	walk	tall	talk	chalk
moist	choice	coin	oil	voice
point	boil	my	try	oil

joy	hall	eight	stalk	dry	blue
mew	ball	due	spoil	toy	small
new	fry	crew	eight	point	clue
stalk	cry	fuel	false	boy	noise

Drill 36

c and g followed by e, i, or y   dge

---

cell	cent	cite	voice	sauce
gem	mice	gym	choice	page
large	age	wage	face	ice
cent	cite	gem	cell	mice

fudge	hedge	bridge	edge	ledge
trudge	lodge	judge	badge	dodge
edge	hedge	fudge	bridge	budge
dodge	ledge	trudge	lodge	bridge
edge	budge	hedge	bridge	judge

place	dodge	cent	judge	lodge
budge	page	ledge	face	badge
ice	age	fudge	cent	cell
mice	cite	voice	sauce	gem
wage	mice	bridge	cite	large

cell	ice	budge	edge	page	sauce
age	gym	trudge	place	face	dodge
mice	cent	fudge	voice	badge	gem
lodge	germ	bridge	cent	wage	budge
cite	edge	choice	large	page	lodge

Drill 37

---

phone	phase	graph	phase	phone
knead	knew	knife	knit	knob
duck	lock	brick	clock	click
chick	knelt	pack	knock	struck

cough	laugh	rough	tough	cough
light	fight	bright	bought	fright
sight	rough	right	cough	caught
high	thigh	sleigh	sigh	dough
though	high	tough	bought	sleigh

phone	laugh	knife	bright	peck
chuck	cough	truck	fight	rough
graph	knew	knife	kneel	tack
knock	caught	know	knelt	smack
might	fright	sleigh	knock	weigh

laugh	chair	cough	tight	peck	chance
kneel	trick	fight	rough	caught	bought
sight	knew	slight	phone	knelt	trick
struck	phase	chick	graph	clock	tight
phase	knead	truck	tough	fight	knight

Drill 38

c and *g* followed by *e, i,* or *y*   *dge*
ph (*f*)   *kn*   *ck*   *gh* (*f*)   *gh*   *ght*

---

cent	voice	sauce	large	wage	ice
lodge	judge	edge	fudge	dodge	bridge
phone	phase	knee	knob	choice	chance
pick	track	laugh	bright	fought	rough

cell	place	budge	page	gym	trudge
phone	laugh	knife	block	chirp	cough
knew	tack	choice	snack	sight	caught
struck	lodge	know	sleigh	check	badge

cough	pack	knock	struck	fudge	hedge
light	bright	bought	fright	hedge	dough
graph	high	knife	kneel	bridge	edge
voice	coin	ought	judge	slight	city

peck	choice	light	phone	bridge	wage	tough
smack	mice	laugh	bright	lodge	gem	fought
city	fright	knew	place	bought	trick	struck
slight	page	gym	phase	knife	check	badge

Drill 39

*Words that end with **consonant + y (ē)** or **y (ē)** by itself*

---

hap py	pen ny	diz zy	pup py	hob by
mess y	bud dy	jol ly	fuss y	mud dy
bud dy	fuss y	pen ny	sun ny	fun ny
dad dy	jel ly	sil ly	fog gy	chill y

ba by	fog gy	fus sy	mud dy	par ty
jol ly	dad dy	sil ly	hap py	fun ny
sun ny	jel ly	diz zy	skin ny	mess y
fuzz y	crab by	skin ny	bun ny	par ty
fuss y	mud dy	fog gy	mess y	sil ly

mud dy	diz zy	fun ny	sun ny	chill y
jol ly	jel ly	mess y	hap py	fog gy
fuzz y	sil ly	pup py	dad dy	bun ny
cra zy	la zy	sass y	grass y	par ty
hap py	hob by	ba by	diz zy	skin ny

penny	buddy	silly	muddy	bunny	party
fuzzy	messy	fussy	crazy	foggy	buddy
hobby	puppy	jolly	sunny	silly	skinny
happy	penny	dizzy	jelly	penny	crabby
grassy	baby	lazy	chilly	funny	daddy

Drill 40

Words that end with **'le'** *(ble, cle, dle, ple, tle, etc.)*
The 'le' grabs the consonant right before it to form the last syllable.

---

ta ble	mar ble	sta ble	sad dle	ca ble	bub ble
lit tle	gob ble	sim ple	top ple	sam ple	un cle
bob ble	tem ple	han dle	cat tle	ap ple	a ble
puz zle	pad dle	wig gle	pur ple	mid dle	bub ble

un cle	mud dle	sta ble	bot tle	pur ple	a ble
pud dle	ta ble	ap ple	mid dle	gob ble	jug gle
lit tle	puz zle	jig gle	wig gle	pad dle	mid dle
rat tle	tem ple	han dle	ta ble	cat tle	sam ple

ap ple	gob ble	top ple	un cle	han dle	pur ple
pud dle	puz zle	sam ple	han dle	ta ble	jug gle
tem ple	rat tle	wig gle	sim ple	sam ple	puz zle
cat tle	ap ple	a ble	ta ble	mar ble	sta ble

table	marble	able	sample	apple	handle
puzzle	rattle	little	middle	topple	bottle
gobble	handle	cable	cattle	paddle	middle
juggle	temple	table	paddle	stable	wiggle

Drill 41

*Words that end with **'le'**, **consonant + y (ē)**, or **y (ē)** by itself*

par ty	puz zle	jug gle	mar ble	crab by	bab ble
lit tle	la zy	gob ble	mess y	cra zy	pup py
bob ble	tem ple	puz zle	cat tle	ap ple	grass y
ta ble	jug gle	rat tle	fog gy	mid dle	bub ble

top ple	mud dle	mid dle	bot tle	bat tle	cop y
tab by	ta ble	bat ty	mid dle	gob ble	jug gle
wig gle	puz zle	jig gle	cra zy	la zy	mid dle
pud dle	tem ple	han dle	fuss y	cat tle	sam ple

chill y	gob ble	top ple	un cle	jel ly	fog gy
sam ple	puz zle	fuzz y	han dle	grass y	jug gle
tem ple	rat tle	wig gle	sim ple	sam ple	puz zle
cra zy	ap ple	a ble	bun ny	fun ny	jol ly

buddy	muddy	able	sample	apple	marble
puppy	penny	jelly	wiggle	skinny	sunny
little	stable	cable	hobby	happy	middle
juggle	temple	table	bunny	handle	dizzy

Drill 42

ed   en   es   ing

The 'ed' suffix has three different sounds:
('ed' - needed), ('d' - loved), and ('t' - picked).

---

need ed	paint ed	start ed	wait ed	seat ed
hard en	weak en	bra zen	loos en	strength en
chilled	sailed	loved	seemed	lived
rot ten	swol len	soft en	fast en	length en
shopped	picked	wished	crunched	jumped

jump ing	fly ing	park ing	camp ing	see ing
toast ed	fixed	de cid ed	stopped	in vit ed
in vit ing	pitched	pitch ing	stripped	shad ing
dish es	lunch es	glass es	bunch es	crash es

drop ping	plan ning	swim ming	cau tion	rest ing
blend ed	ripped	heat ed	chipped	shad ed
match es	fuss es	cross es	stitch es	strength en
mailed	light en	por tion	asked	blamed
sing ing	need ed	weak en	swol len	loved
soft en	jump ing	de cid ed	men tion	bunch es

fished	decided	soften	wished	swimming
matches	matches	waiting	shaded	dropping
needed	swollen	jogging	planning	lengthen
resting	flying	asked	lighten	munching
shipped	crosses	waited	mention	strengthen

Drill 43

dom   ful   less   ness   sion   tion

---

free dom	king dom	wis dom	bore dom	help ful
skill ful	thank ful	aw ful	thought ful	home less
age less	child less	grace less	hope less	good ness
like ness	glad ness	kind ness	na tion	vi sion
ad mis sion	ex pres sion	de ci sion	frac tion	sec tion

sick ness	king dom	thank ful	bore dom	star dom
com mis sion	wis dom	hope less	free dom	age less
skill ful	per mis sion	ad mis sion	child less	in ter mis sion
good ness	pain ful	harm less	pro fes sion	boast ful

glad ness	free dom	aw ful	home less	thought ful
help ful	skill ful	wis dom	ad mis sion	sick ness
bore dom	grace less	kind ness	age less	like ness
per mis sion	thank ful	boast ful	de ci sion	trans mis sion
ques tion	fe ar ful	care less	por tion	end less

wisdom	gladness	childless	awful	thankful
helpful	hopeless	admission	goodness	question
permission	sickness	freedom	kindness	graceful
boredom	skillful	ageless	endless	thoughtful
thankful	fearful	careless	boredom	intermission
harmless	homeless	painful	decision	boastful

Drill 44

acy   ant   ary   ity   ive   tial

---

con trar y	cus tom ar y	dig ni tar y	sec re tar y	Jan u ar y
no bil i ty	qual it y	char it y	ca pac i ty	sin cer i ty
ir ri tant	col or ant	mil i tant	em i grant	o rig i nal i ty
de moc ra cy	di plo ma cy	lit er a cy	con spir a cy	fi nal i ty
nar ra tive	cool ant	ex ec u tive	talk a tive	punc tu al i ty

priv a cy	vi sion ar y	nar ra tive	cur a tive	a bun dant
im m i grant	ex ec u tive	con trar y	char i ty	punc tu al i ty
con trar y	ac cu ra cy	es sen tial	po ten tial	im par tial
re al i ty	fi nal i ty	dig ni tar y	ac cu ra cy	tech ni cal i ty
sol i tar y	lit er a cy	ac tive	vol un tar y	in struc tive

mil i tar y	char i ty	pros per i ty	im par tial	con struc tive
re al i ty	fi nal i ty	sec re tar y	po ten tial	in flu en tial
de moc ra cy	em i grant	lu na cy	ac cu ra cy	punc tu al i ty
tem po rar y	mil i tant	cus tom ar y	es sen tial	re spon si bil i ty
in struc tive	dig ni tar y	po ten tial	ir ri tant	vol un tar y

temporary	essential	dignitary	narrative	constructive
reality	talkative	potential	irritant	punctuality
secretary	executive	finality	potential	contrary
reality	abundant	influential	immigrant	technicality
kingdom	accuracy	charity	talkative	influential

Drill 45

acy   ary   ed   en   es   dom   ful   less
ing   ity   ness   sion   tial   tion

---

no bil i ty	cus tom ar y	dig ni tar y	sec re tar y	Jan u ar y
stopped	re al i ty	char i ty	pros per i ty	tech ni cal i ty
re al i ty	fi nal i ty	glass es	sin cer i ty	con fi den tial
vi sion	ad mis sion	de ci sion	pro fes sion	punc tu al i ty
con ver sion	por tion	toast ed	plan ning	cus tom ar y

king dom	length en	ques tion	sta tion	res i den tial
po ten tial	in flu en tial	fly ing	char i ty	ad mis sion
con trar y	ad mis sion	lit er a cy	frac tion	in flu en tial
re al i ty	de cid ed	dig ni tar y	de ci sion	tech ni cal i ty
park ing	sin cer i ty	thought ful	free dom	o rig i nal i ty

mil i tar y	harm less	pros per i ty	ques tion	punc tu al i ty
re al i ty	fi nal i ty	sec re tar y	child less	good ness
swim ming	stitch es	de ci sion	pro fes sion	de moc ra cy
wished	ac cu ra cy	vi sion	pain ful	hos pi tal i ty
kind ness	swol len	like ness	in flu en tial	o rig i nal i ty

potential	fraction	dignitary	parking	needed
hopeless	influential	goodness	question	punctuality
secretary	admission	finality	accuracy	dishes
freedom	decision	essential	strengthen	technicality
accuracy	customary	skillful	residential	influential

Drill 46

de   dis   ex   mis   non   pre   re   un

---

dis pose	dis hon est	dis a gree	dis cour age
ex it	ex port	ex pose	ex claim
re tell	re port	re tract	re tie
re peat	re turn	re do	re heat
ex press	dis cov er	dis charge	dis ap pear
un hap py	un load	un real	un luck y

de part	de fine	de fend	de cay
mis take	mis spell	mis treat	mis read
non sense	non fat	non fic tion	pre pare
pre dict	pre re cord	pre tend	pre view

re wind	dis play	un hap py	ex plain	dis ap pear
non fat	pre view	de fine	un cer tain	un fast en
un luck y	mis di rect	ex cite	mis read	ex tract
non stop	un dress	de lay	dis card	dis hon est

un hap py	un load	re peat	re turn	ex it
re tell	ex pose	un luck y	ex claim	dis cov er
ex press	de fend	non sense	pre tend	pre view

discourage	reheat	substitute	unhappy	antifreeze
tricycle	preview	uncertain	nonfat	prepare
submarine	indent	disappear	report	outside
defend	exclaim	retract	disagree	nonsense
prerecord	misspell	expose	misread	unfasten

Drill 47

PREFIXES

anti   auto   bi   dis   in   out   sub   tri

---

an ti bod y	an ti war	an ti freeze	tri cy cle	tri pod
out side	out doors	in dent	in side	in cor rect
sub ma rine	sub tract	sub sti tute	bi ceps	au to mate
dis cour age	pre view	dis cov er	out line	an ti bi ot ic
out field	au to crat	bi coast al	dis own	bi week ly

au to mat ic	out side	in side	au to mo tive	sub side
tri mes ter	tri pod	dis com fort	in struct or	an ti air craft
sub sist	un a ble	au to ma tion	dis in fect	in grown
dis hon or	in her it	bi fo cals	out line	sub way
out fit	an ti bod y	dis count	in va sive	dis a gree

an ti bod y	au to mat ic	bi cy cle	dis ap pear
dis ap point	bi plane	au to mo bile	an ti freeze
bi month ly	au to crat	dis lo cate	sub sti tute
dis con tin ue	anti bi ot ic	out pa tient	au to bi og ra phy
bi coast al	au to graph	dis ap pear	in cor rect
tri cy cle	in va lid	bi an nu al	dis ad van tage

disinfect	biceps	subtract	outline	antibody
bicycle	outline	disappear	bifocals	discover
tripod	indent	substitute	invalid	autograph
discourage	autocrat	discomfort	outpatient	antifreeze
tricycle	invasive	uncertain	automation	subsist
submarine	indent	disappear	antibody	outside

Drill 48

PREFIXES

ex   inter   im   mid   post   pro   tele   trans   super

---

ex haust	ex hale	ex it	ex cerpt	ex tract
in ter act	in ter cede	in ter change	in ter com	in ter fere
im ma ture	im pact	im pu ri ty	im mense	im press
mid day	mid life	mid night	mid point	mid day
post card	post war	post date	post age	pro found
pro fess	pro claim	tel e vi sion	tel e scope	tel e vise

trans port	trans mit	trans fer	trans plant	trans late
su per man	su per vise	pro duc tive	tel e phone	su per nat ur al
tel e scope	pro fit	trans mit	pro ject	su per mar ket
mid sec tion	tel e photo	pro file	im per fect	in ter sec tion
post age	mid night	im mod est	mid town	su per im pose

im pact	pro fess	ex tra dite	im press	post date
tel e thon	ex hale	im ma ture	mid day	ex tract
in ter cede	im bal ance	pro duc tive	im mense	in ter change
pro duce	trans plant	mid life	post pone	im prop er
trans fer	su per man	mid stream	ex tri cate	tel e vi sion

midnight	postdate	impolite	superman	impact
profile	telethon	profile	impurity	transplant
transport	interact	telephone	transmit	supernatural
telescope	profit	immature	midpoint	project
telephoto	profile	midday	postcard	interfere

Drill 49

anti auto bi de dis ex im inter mid mis
non out post pre pro re sub super tele trans un

---

an ti bod y	un hap py	bi cy cle	dis ap pear
re peat	bi plane	au to mo bile	ex port
bi month ly	re tract	dis lo cate	pre re cord
dis con tin ue	ex press	bi coast al	dis charge
an ti bi ot ic	un luck y	an ti air craft	au to bi og ra phy
sub sti tute	de ploy	bi an nu al	dis ad van tage

post card	mid day	sub side	non sense
de part	mis spell	non fic tion	im po lite
post script	mid point	im pu ri ty	ex tra dite
im ma ture	un cer tain	non sense	pre re cord

pro duce	tel e vi sion	re tract	super man	trans plant
out side	trans port	in ter act	pro duc tive	su per im pose
tel e scope	tri cy cle	de cay	pro ject	in ter sec tion
in ter es ting	de fend	un hap py	tel e phone	su per mark et
mid term	out per form	au to mat ic	mis take	out stand ing
pre tend	re peat	sub tract	mid air	ex clude

disappoint	biplane	automobile	antifreeze	superman
midnight	unload	impolite	submit	outstanding
mistake	preview	nonsense	bicoastal	disadvantage
transport	interact	productive	telephone	supernatural
tricycle	reheat	transmit	project	intersection
defend	profile	uncertain	biplane	postman

Drill 50

Prefixes and Suffixes

---

un beat a ble	o ver f low ing	dis a gree ment	un suc cess ful
re count ed	ex port er	in spect ing	sem i an nu al ly
pro ject or	re duc tion	in ject ed	mis treat ed
pre dic tion	sub scrip tion	o ver re act	de light ful
un clear	trans port	mis for tune	mis un der stand

tel e vi sion	kind ness	ten der ness	won der ing
care ful ly	help ful	un kind	suc cess ful
pack age	dic tate	pres i dent	per cent age
na tion	sub trac tion	sec re tar y	thought ful ness
in de pen dent	in di rect	in ter act	trans plant

kind ness	o ver f low ing	ten der ness	de light ful
un beat a ble	in ject ed	thought ful ly	help ful
per cent age	care ful ly	o ver load	won der ing
in flu en tial	con fi den tial	de fense	ex press
help ful	dic tate	sec re tar y	sub scrip tion

subscription	overload	inspecting	defense	semiannually
unsuccessful	projector	unbeatable	percentage	thoughtfully
recounted	dictate	defense	indirect	percentage
injected	carefully	delightful	overreact	misunderstand
nation	reduction	unkind	interact	thoughtfulness
prediction	tenderness	mistreated	package	overflowing
subtraction	kindness	injected	unbeatable	disagreement

Drill 51

Prefixes and Suffixes

---

ex claim	tri cy cle	re duc tion	de fend	o ver flow ing
po ten tial	in flu en tial	pre pare	dis mis sive	dis a bil i ty
sub tract	tri pod	un hap py	mis spell	per mis sion
de light ful	in ject ed	ex claim	tri cy cle	sub ma rine
pro jec tor	mid point	pre view	care ful ly	an ti freeze
de part	im pur i ty	sec re tar y	ex tra dite	ex tra sen so ry

pro jec tor	re duc tion	in ject ed	mis treat ed
un beat a ble	o ver flow ing	ex port er	re duc tion
pre dic tion	dis count ed	ten der ness	won der ing
per cent age	care ful ly	in spect ing	de light ful
in side	ex port er	non fic tion	sem i an nu al ly

dis a gree	dis hon est	help ful	dis cour age
un beat a ble	in ject ed	o ver re act	sem i an nu al ly
sub way	an ti freeze	li brar y	dis a gree ment
out side	post script	in dent	dis in ter est ed
dis pose	un load	im po lite	ex tra or di nar y
pro jec tor	mis hap	an ti bod y	re duc tion

prediction	injected	unbeatable	percentage	subscription
mistake	prepare	antibody	submarine	thoughtfulness
permission	carefully	mistreated	tenderness	disability
delightful	unbeatable	unload	dispose	percentage
repellent	inspecting	impolite	exporter	unsuccessful
prediction	tripod	overflow	reality	semiannually